derrotefaden

Das Evangelium weitersagen

Hauke Burgarth

campus für christus

derrotefaden

Das Evangelium weitersagen

Umschlaggestaltung und Satz: Judith Westhoff, Claudia Dewald
Lektorat: Thomas Lastring
Druck und Verarbeitung: Clausen & Bosse, Leck

Der Rote Faden ist die Nachfolgereihe der *Mitteilbaren Konzepte* von Bill Bright.

ISBN 3-88404-134-7

www.Campus-D.de

Zu Risiken und Nebenwirkungen...

lesen Sie die Gebrauchsanweisung.

Dieses Buch ist so konzipiert, dass Sie mit möglichst wenig Aufwand einen ersten guten Überblick darüber bekommen, wie Sie das Evangelium weitersagen können – einen roten Faden eben.

- Wenn Sie noch überlegen, ob das Buch überhaupt das Richtige für Sie ist, dann schauen Sie sich doch einfach den Kurzüberblick auf Seite 6 an.
- Ein Checkup am Anfang (Seite 9) hilft Ihnen, einen Einstieg ins Thema zu finden, der auf Sie und Ihre Fragen zugeschnitten ist. Natürlich können Sie das Buch auch wie jedes andere von vorne bis hinten durchlesen.
- Kernsätze und wichtige Infos sind rot gedruckt, damit Sie das Wichtigste auf den ersten Blick sehen.
- Jedes Kapitel beginnt mit ein paar zentralen Fragen, die Ihnen zeigen, worum es darin geht und wo Sie die jeweiligen Antworten finden.
- Kurze Zusammenfassungen des Inhalts ermöglichen Ihnen das Querlesen. So sehen Sie auf den ersten Blick, wo Sie tiefer einsteigen möchten. Diese Texte sind ebenfalls rot gedruckt.
- Am Ende des Buches finden Sie ein Stichwortregister zum Nachschlagen und natürlich Tipps zum Weiterlesen.

Das Tolle beim Glauben ist, dass das Wichtigste ganz einfach zu verstehen ist. Man muss nur den roten Faden finden...

Inhalt

Schön, dass Sie hier sind!

Ohne Sie wäre dieses Buch nämlich noch nicht einmal eine halbe Sache. Ein Buch ohne Leserin? Ein roter Faden ohne Leser? Vergessen wir's. Also herzlich willkommen! Darf ich Ihnen kurz sagen, worauf Sie sich bei diesem Buch einlassen?

Vom roten Tuch zum roten Faden

Dass Menschen nur dann etwas von Jesus hören, wenn man mit ihnen darüber redet, ist eine Binsenweisheit. Doch wer ist dazu „berufen", das Evangelium weiterzusagen? Und wie funktioniert es? Gehören Sie auch zu den Christen, denen es allein beim Gedanken an solch ein Gespräch mindestens so heiß und kalt wird wie vor einem Heiratsantrag? Nur dass das angenehme Kribbeln im Bauch dabei fehlt? Dann sind Sie hier genau richtig! Denn die gute Nachricht von Jesus ist viel zu wichtig, um sie nur einigen wenigen Profis zu überlassen. Wenn das Evangelium wirklich die Welt umkrempeln soll – und genau dazu hat Gott es gedacht – dann werden auch Sie und ich beim Weitersagen gebraucht. Und zwar ohne, dass wir uns dabei verbiegen müssen.

Sie reden schon gerne, gut und oft über Ihren Glauben? Dann werden Sie in diesem Buch sicher nicht sehr viel Neues entdecken. Aber vielleicht können Sie anhand dieses Buches andere dazu motivieren, ebenfalls aktiv zu werden.

Von Lieschen Müller zu Billy Graham?

Sie finden in diesem Buch einige Ideen und Schritte, die schon vielen Menschen geholfen haben, auch mir persönlich – und ich bin *kein* typischer Evangelist! Aber Sie werden vergeblich nach den sieben Schritten suchen, die Sie von Lieschen Müller in Billy Graham verwandeln. Ist auch gar nicht nötig: Bleiben Sie, wer Sie sind und reden Sie trotzdem von Jesus. Und zwar so, dass Sie auch noch Freude dabei haben.

Vom Feindbild zum Wohlfühlfaktor

Ich sehe direkt, wie bei diesem Begriff bei einigen die Alarmlämpchen blinken. Will uns jetzt wieder jemand so einen weichgespülten Wohlfühl-Jesus verkaufen? Definitiv nicht. Doch manche Strategie, „die Ungläubigen" zu erreichen, hört sich eher nach Kriegsgeschrei an als nach vernünftigem oder freundschaftlichem Gespräch. Mit der Nebenwirkung, dass sich mein Gegenüber in Gedanken schnell in meinen Gegner verwandelt. Ich gewinne ein Feindbild und keinen Menschen. Und wirke so einladend wie ein knurrender Bullterrier im Vorgarten: Na, prima!

Da wirkt es doch total anders, wenn Sie von dem erzählen, was Sie wirklich begeistert: Ihrer Briefmarkensammlung, Ihrem Lieblingsverein oder eben „Ihrem" Jesus. Und plötzlich ist der K(r)ampf verschwunden. Sie fühlen sich wohl – und Ihr Gegenüber auch. Dabei möchte Ihnen dieses Buch helfen.

Vom Allein-Leser zur Kleingruppe

Wollen Sie sich gemütlich zu Hause hinsetzen und in aller Ruhe das Buch lesen? Oder fehlt Ihnen dazu die Zeit, und Sie möchten eher im Bus auf die Schnelle einmal hineinschauen? Herzlich willkommen, dazu ist es gedacht.

Suchen Sie Material für Ihren Hauskreis oder eine Kleingruppe in Ihrer Kirche bzw. Gemeinde? Noch besser. Wenn Sie sich mit (höchstens zehn) anderen zusammentun und das Buch gemeinsam durchgehen, entfaltet es noch einmal eine ganz andere Dynamik. Einige Anregungen dazu, wie Sie mit einer Gruppe darüber ins Gespräch kommen, finden Sie auf Seite 58.

Ich wünsche Ihnen viel Gewinn beim Weiterlesen.
Seien Sie ganz herzlich gegrüßt.

Hauke Burgarth (H.Burgarth@Campus-D.de)

Wie Zähneziehen mit Musik?

Checkup ✔

Nehmen Sie sich eine Minute Zeit und beantworten Sie die folgende Frage. Schlagen Sie dann die Antwort nach, die Ihrer am nächsten kommt. So finden Sie Ihren persönlichen Einstieg ins Thema. Oder gehen Sie den klassischen Buch-Weg: Blättern Sie einfach um und fangen Sie vorne an.

Wie fühlen Sie sich dabei, wenn Sie an das Thema Evangelisation denken?

○ Begeistert. Ich brenne darauf, mich damit zu beschäftigen und will am liebsten sofort loslegen.

Das können Sie haben. Blättern Sie direkt zu Seite 34. Da wird es konkret, wie Sie anderen das Evangelium weitersagen können, indem Sie von sich erzählen.

○ Unentschlossen. Das Thema ist mir schon wichtig, doch ich weiß nicht so recht, ob es wirklich mein Ding ist, wie ich es praktisch anfangen kann, oder ob ich es wirklich will.

Guter Ansatz. Was nützt der wichtigste Inhalt, wenn Ihnen persönlich der Draht dazu fehlt? Wie Ihr persönlicher Beitrag aussehen kann, lesen Sie ab Seite 24, dort geht es ganz typisch um Sie.

○ Verärgert oder frustriert. Das Thema ist ein rotes Tuch für mich, kein roter Faden. Und ich überlege eigentlich nur noch, ob ich das Buch anstandshalber zu den anderen unerreichbar schwierigen Glaubenstrainern ins Kellerregal stelle oder es lieber gleich wegwerfen soll.

Nicht nur Begeisterung für ein Thema motiviert dazu, sich damit auseinanderzusetzen. Geben Sie sich selbst noch eine Chance (Das wollten Sie ja sowieso, denn immerhin sind Sie schon bis Seite 9 gekommen…) und lassen Sie uns auf der nächsten Seite gemeinsam über die Gründe für Ihren Ärger nachdenken.

Aufschwätzer, Andreher & Co.

Die unbeliebtesten Berufe der Welt

Politiker
Gebrauchtwagenhändler
Versicherungsvertreter
Immobilienmakler
Evangelist

Wer hätte das gedacht? Evangelisten schneiden noch schlechter ab als Lehrer! Zugegeben, diese Umfrage ist nicht repräsentativ, aber sie ist nachvollziehbar, denn alle fünf Berufe gehören scheinbar zur Kategorie der „Aufschwätzer“, die mir etwas andrehen möchten, was ich weder will noch brauche.

Statements von anderen

„Ich bin doch nicht Billy Graham.“

„Religion ist Privatsache.“

„Ich bin noch nie ein guter Redner gewesen. Auch jetzt … hat sich daran nichts geändert. Ich rede nicht gerne, die Worte kommen mir nur schwer über die Lippen.“ (Mose in 2. Mose 4,10)

„Ich habe Angst, davon zu erzählen.“

„Ist das nicht zu persönlich?“

„Es gibt viele, die uns etwas einreden wollen, und wenige, die uns ausreden lassen.“ (Pietro Corelie)

Und Ihr Statement?

Gibt es etwas, das Sie beim Gedanken zu evangelisieren abschreckt? Schreiben Sie es auf und lesen Sie dann einfach weiter. Wenn Sie am Ende sind (mit dem Buch natürlich!), dann können Sie noch einmal hierher zurückblättern. Wie denken Sie jetzt darüber?

______

______

Ohne Gabenprojektion und moralischen Druck

Evangelisation ist wichtig und richtig. Trotzdem stehen nur wenige Christen an der Startlinie und sind bereit loszulaufen. Viele stehen dagegen vor einer Mauer aus überhöhten Ansprüchen, die schon den Start verhindert. Typische Abtörner, die uns demotivieren, sind:

Gabenprojektion

Da hören Sie einem klassischen Vollblutevangelisten zu, der erzählt: „Jedes Mal, wenn ich mit Menschen ins Gespräch komme, egal ob im Bus oder an der Kasse im Supermarkt, rede ich mit ihnen. Schon nach zwei, drei Sätzen sind wir meistens beim Evangelium. Viele dieser spontanen Kontakte enden damit, dass Menschen sich für ein Leben mit Jesus entscheiden. Und wenn sich nichts ergibt, dann nehme ich mir meine Bibel, gehe in die Fußgängerzone und spreche dort einfach jemanden an."

So weit, so gut. Prima, dass es solche Menschen gibt und dass Gott sie so gebraucht. Doch oft kommt jetzt der entscheidende – oder soll ich sagen vernichtende – Nachsatz: „Und das kann und sollte jeder Christ tun."

Richtig ist: Es gibt diese besondere Gabe der Evangelisation (vgl. z.B. Epheser 4,11) und Gott gebraucht sie.

Falsch ist allerdings, dass sie jeder hat.

Problematisch ist, wenn Begabungen zum Maßstab für Geistlichkeit werden oder – gerade im Bereich Evangelisation – „vollmächtig" mit extrovertiert verwechselt wird.

Moralischer Druck

Der Aufruf zum Missionieren kommt meistens zu den besten Zeiten: entweder Sonntagvormittag im Gottesdienst oder bei einer christlichen Konferenz abends um 22 Uhr: „Wenn Sie Christus wirklich lieben, dann erzählen Sie jetzt gleich jemandem, wie sehr Gott ihn liebt. Oder wollen Sie etwa, dass Menschen verloren gehen?" Erst schauen Sie auf Ihre Uhr und stellen fest, dass all Ihre Bekannten, die infrage kommen, entweder noch oder schon im Bett liegen. Dann schauen Sie sich um und sehen, dass die Zielgruppe gerade nicht anwesend ist. Und schließlich schauen Sie in den Spiegel und fühlen sich schlecht, weil Sie kein „missionarisches Herz" haben.

Richtig ist: Jesus hat nicht gesagt, dass wir uns so lange zu Hause oder in unserer Gemeinde vergraben sollen, bis zufällig ein Nichtchrist vorbeikommt.

Falsch ist allerdings, dass Schuldgefühle spät nachts das Evangelisieren wirklich leichter machen.

Problematisch ist dabei vor allem, dass man spätestens nach drei solcher Aufrufe abstumpft und sich dann leicht von der Sache an sich verabschiedet, nur um dem schlechten Gewissen aus dem Weg zu gehen.

„Der Hahn bringt ein Straußenei in den Hühnerstall und ruft alle Hennen zusammen: Meine Damen, ich will Ihnen keine Vorwürfe machen, aber Sie sollten sich wenigstens einmal ansehen, was andernorts geleistet wird."

Nichts gegen eine positive Herausforderung, doch manche gut gemeinten Ratschläge bewirken geradezu das Gegenteil: sie demotivieren, weil sie unsere Persönlichkeit oder unsere Situation ignorieren.

Entscheidend ist die Motivation

„Wenn ein Mensch keinen Grund hat, etwas zu tun, so hat er einen Grund, es nicht zu tun." (Sir Walter Scott)

Gott sucht Menschen

„Gott will, dass alle Menschen gerettet werden und seine Wahrheit erkennen." (1. Timotheus 2,4)

Wollen Sie anderen Menschen zu einem erfüllten Leben und einer lebendigen Beziehung zu Gott helfen? Dann sind Sie in guter Gesellschaft, denn genau das tat Jesus auch. Und er brachte dafür den größtmöglichen Einsatz – sein eigenes Leben. Er konnte es einfach nicht aushalten, dass wir Menschen uns im Leben verlaufen. Deswegen ließ er im Himmel alles stehen und liegen, um uns zu suchen. Seine Geburt, sein ganzes Leben, sein Tod und seine Auferstehung unterstreichen, wie ernst es Gott mit seinem Rettungseinsatz nimmt.

Wie Gott mir, so ich dir

Dieses „Prinzip der christlichen Vergeltung" kann eine große Motivation beim Weitersagen sein. Sie haben Gott selbst erfahren, erleben seine Geduld, seine Liebe, seine Vergebung. Und davon erzählen Sie weiter.

„Ich habe Christen auf der ganzen Welt zwei Fragen gestellt und eigentlich immer dieselben Antworten erhalten: ‚Was war für Sie die wichtigste Erfahrung Ihres Lebens?' Antwort: ‚Dass ich mich bewusst für ein Leben mit Jesus Christus entschieden habe.' Und weiter: ‚Was ist das Beste, das Sie für einen anderen Menschen tun können?' Antwort: ‚Ihm dabei helfen, Jesus Christus kennen zu lernen.'..." (Bill Bright, Gründer von Campus für Christus)

Der eigentlich Motivierte ist Jesus Christus. Doch je mehr Erfahrungen wir mit ihm machen, desto mehr steckt uns seine Motivation an. Und diese Ansteckung ist viel wirksamer als Schuldgefühle oder Handlungsappelle.

Die VIP-Methode

Sie ist die beste Methode überhaupt, um das Evangelium weiterzusagen, denn eigentlich ist sie gar keine Methode! Das Geheimnis der Evangelisation, wenn man es überhaupt so nennen kann, ist: mein Gegenüber wichtig zu nehmen (eben als VIP) und ihm die wichtigste Person überhaupt vorzustellen – und zwar ebenfalls VIP: verständlich, intensiv, persönlich.

Verständlich

„Die Menschen sollten sich lieber auf den Inhalt konzentrieren und die Dinge mit einfachen Worten auf den Punkt bringen." (Stephan Lackner)

Es gibt viele Dinge im Leben, die wirklich kompliziert sind. Auch die Bibel enthält schwer zu verstehende Aussagen. Doch das Wichtigste am Glauben ist ganz einfach. Warum wird das Evangelium dann oft so kompliziert verpackt?

Es gibt drei Gründe, sich kompliziert auszudrücken:

- Sie sind Professor und halten eine Vorlesung über Kants „Kritik der reinen Vernunft".
- Sie leben so sehr in Ihrer christlichen Subkultur, dass Sie überhaupt nicht merken, wie Sie mit Insiderbegriffen und Abkürzungen nur so um sich werfen.
- Sie verstehen selbst nicht ganz genau, was Sie sagen wollen.

Der erste Grund trifft bei den wenigsten Menschen zu, an den beiden anderen können Sie arbeiten, sobald Sie sich dessen bewusst sind. Fragen Sie doch einfach mal zurück, was ein Zuhörer von Ihrer Erklärung verstanden hat. Meistens werden Sie eine hilfreiche und ehrliche Antwort erhalten.

Intensiv

„Es kommt nichts ohne Interesse zustande." (G.W.F. Hegel)

Wenn Sie Ihr Gegenüber kennen, prima. Wenn nicht, lernen Sie ihn einfach kennen. Finden Sie Gemeinsamkeiten heraus. Fragen Sie, was der andere denkt. Zeigen Sie (echtes!) Interesse an ihm.

Persönlich

„Du kannst von dem, was du nicht fühlst, nicht reden." (William Shakespeare)

Ob das Evangelium, das Sie weitergeben möchten, auch als „gute Nachricht" empfunden wird, hängt davon ab, wie man Sie persönlich wahrnimmt. Drei Botschaften, die Sie aussenden können, sind hier typisch:

- „Ich bin besser als du." – Wenn Sie überbetonen, was Gott in Ihrem Leben getan hat (oder noch tun will), dann wird das leicht als Überheblichkeit missverstanden. Sie machen sich heiliger als Sie sind.
- „Ich bin genau wie du." – Wenn Sie ständig unterstreichen, dass Sie genauso (schlecht) sind wie der andere, sieht das leicht nach Anbiederung aus.
- „Ich bin ich. Und so habe ich Gott erlebt." – Seien Sie authentisch. Ein Christ, der Höhen und Tiefen erlebt und auch darüber redet.

Klingt das interessant? Echt zu sein, eben so, wie wir sind, anderen Menschen dabei nahe zu kommen und Klartext mit ihnen zu reden, auch über den Glauben? Genau das steckt hinter der VIP-Methode.

Die VIP-Ergebnisse

Jede Methode hat ihre Ergebnisse. Doch da die VIP-Methode gar keine ist, geht die folgende Gleichung auch nicht auf:

$$V_{max} + I_{eff} + P_{total} = Entscheidung_{sicher}$$

Dafür gilt etwas viel Entspannenderes: Sie bemühen sich um verständliche Formulierungen, eine intensive Beziehung und Echtheit. Und die Ergebnisse überlassen Sie getrost Gott. Denn der eigentlich Handelnde ist sowieso er.

Wir reden in der Kraft des Heiligen Geistes über Jesus und überlassen die Ergebnisse Gott.

Und das Kleingedruckte?

Okay, Sie wollen sich auf den Weg machen und anderen Menschen das Evangelium weitersagen. Regt sich jetzt in Ihnen das Misstrauen, gestärkt durch viele schlechte Erfahrungen, und flüstert Ihnen ins Ohr: „Und welche Bedingungen muss ich erfüllen? Was steht im Kleingedruckten?"

Ja, es gibt Bedingungen. Die möchte ich Ihnen nicht verschweigen: Eine bereits erfüllte, drei halbe und vier sinnvolle.

Eine bereits erfüllte Bedingung

Lehnen Sie sich zurück und entspannen Sie sich, denn die einzige wirkliche Bedingung brauchen Sie gar nicht zu erfüllen: Die Hauptsache ist, dass *Gott* Menschen erreichen möchte. Er will es zwar gerne mit Ihnen tun, doch er würde es auch ohne Sie tun oder sogar gegen Ihren Widerstand. Dafür liebt Gott uns Menschen einfach zu sehr.

Drei halbe Bedingungen

Halbe Bedingungen sind es deshalb, weil Gott auch ohne sie zum Ziel kommt. Trotzdem sind es echte Bedingungen. Es geht dabei um Sie. Gott will nämlich, dass Sie im Leben mit ihm glücklich und zufrieden werden. Und hier entscheidet sich, ob Sie diese Erfüllung in Ihrem Leben finden.

Wenn Sie das Evangelium weitersagen, erleben Sie Erfüllung, wenn

- …Sie selber Christ sind. Also nicht nur eine mit Taufschein ausgestattete Karteileiche sind, sondern die Beziehung zu Jesus Ihr Leben bestimmt. Wie sollten Sie auch sonst zu ihm einladen können?
- …Ihr Leben mit Gott in Ordnung ist. Das bedeutet nicht, dass Sie sündlos bzw. fehlerlos sind, sondern, dass Sie all das, was sich zwischen Gott und Sie schieben möchte, mit ihm besprechen und aus dem Weg räumen bzw. räumen lassen (vgl. den Roten Faden *Gottes Vergebung erfahren*).

- ...Sie erfüllt vom Heiligen Geist leben. Der Heilige Geist ist mehr als eine unbestimmte Kraft, er ist Gott selbst, der als Person in Ihnen einzieht wie in eine Wohnung, um sich dort zu entfalten. Auch wenn er keine Kraft *ist*, so *gibt* er Ihnen die Kraft, die Sie brauchen, um ohne Krampf als Christ zu leben. Die Erfahrung der frühen Christen unterstreicht das: „Aber ihr werdet den Heiligen Geist empfangen und durch seine Kraft meine Zeugen sein in Jerusalem und Judäa, in Samarien und auf der ganzen Erde." (Apostelgeschichte 1,8) – (vgl. den Roten Faden *Erfüllt vom Heiligen Geist*).

Vier sinnvolle Bedingungen

Obwohl Gott selbst beim Weitersagen des Evangeliums die Hauptlast trägt, sind Sie keineswegs zum Statisten bestimmt. Das Evangelium bricht nicht über uns hinein wie eine ansteckende Krankheit, es ist vom Wesen her aktiv. Daraus resultieren die folgenden sinnvollen Bedingungen oder Schritte:

- Beten Sie. Reden Sie mit Gott darüber, was er mit Ihnen vorhat. Bitten Sie ihn, Begegnungen mit Menschen vorzubereiten.
- Gehen Sie. Im Allgemeinen reicht es nicht, die Tür zu öffnen und zu warten, dass Menschen kommen. Sie müssen meistens den ersten Schritt tun.
- Reden Sie.

  „Wer nicht redet, wird nicht gehört." (Helmut Schmidt)
- Erwarten Sie etwas. Kein Bauer kann seine Ernte selber machen, doch jeder rechnet damit, sonst würde er nie so viel Geld, Zeit und Arbeit investieren.

Der Nächste bitte...

Der Aufwand, um Fernstehende zu erreichen

Alljährlich, wenn uns der evangelistische Schuh drückt, investieren wir viel an Geld, Zeit und Arbeit, um die wirklich „Fernstehenden" zu „erreichen". Vollmächtige Evangelisten werden eingeladen und je nach Glauben die Grugahalle, das Dorfgemeinschaftshaus oder das eigene Gemeindehaus vorbereitet.

Gut so? Ja, weiter so. Jede dieser Veranstaltungen hat ihre Berechtigung. Aber es gibt noch wesentlich bessere Möglichkeiten. Diese werden klar, wenn Sie sich zwei Minuten Zeit nehmen und die folgenden drei Fragen beantworten:

Welche Eigenschaften hat Ihrer Meinung nach ein „typischer Evangelist"?

Welche Eigenschaften hat die Person, durch die Sie zum Glauben gekommen sind?

Wodurch finden Menschen überhaupt zum Glauben? Wie war das bei Ihnen?

Und wenn uns die Fernstehenden nahe stehen?

Jetzt interessiert es mich, was Sie für Eigenschaften aufgeschrieben haben. Auch wenn es keine „richtige Lösung" gibt, denn erst einmal ist Ihre Meinung gefragt und dann Ihre Erfahrung.

Wenn Sie die Fragen ähnlich beantwortet haben wie viele Seminarteilnehmer, dann stehen bei den typischen Eigenschaften eines Evangelisten Begriffe wie: redegewandt, cholerisch, überzeugend, extrovertiert, dominant, offensiv, aggressiv,...

Und die Person, durch die Sie zum Glauben gekommen sind, beschreiben Sie vielleicht als: warmherzig, zuhörend, seelsorgerlich, offen, liebevoll, freundlich,...

Konkret heißt das: Evangelisation funktioniert ganz abseits des Klischees vom Star-Evangelisten.

Zugespitzt wird das Ganze durch die Antwort auf die letzte Frage. „Wodurch sind Sie zum Glauben gekommen?" Christian A. Schwarz hat diese Frage für seinen *Grundkurs Evangelisation* vielen Christen gestellt. Und so sieht das Ergebnis aus (Mehrfachantworten waren möglich):

Persönliche Notlage	8%
Einfach vorbeigeschaut	12%
Pastor	22%
Hausbesuch	4%
Gemeindl. Bildungsprogramm	4%
Großevangelisation	5%
Radio/TV	0,5%
Freunde/Verwandte	76%

Hätten Sie das erwartet? Die meisten Fernstehenden stehen uns in Wirklichkeit sehr nahe: drei Viertel aller Menschen, die zu Jesus finden, tun dies durch Christen in ihrem direkten Beziehungsumfeld.

Wenn Sie möchten, führen Sie diese Umfrage doch einmal in Ihrer Gemeinde durch. Wie sehen die Ergebnisse dort aus?

Und wer ist mein Nächster?

Nichts gegen die Anstrengungen, die wir als Kirchen und Gemeinden unternehmen, Fremde zu erreichen, doch wirklich effektiv sind wir im Nahbereich. Eben bei unseren „Nächsten", wie es das Wort an sich schon klarstellt.

„Jesus wollte gerade in das Boot steigen, als ihn der Geheilte bat, bei ihm bleiben zu dürfen. Aber Jesus erlaubte es ihm nicht. Er sagte: Geh nach Hause zu deiner Familie und berichte, welch großes Wunder der Herr an dir getan hat und wie barmherzig er zu dir gewesen ist!" (Markus 5,18-19 – Familie)

„Später war Jesus mit seinen Jüngern bei Levi zu Gast. Levi hatte viele Zolleinnehmer eingeladen und andere Leute mit schlechtem Ruf. Viele von ihnen waren zu Freunden Jesu geworden." (Markus 2,15 – Arbeitskollegen)

Diese natürlichen Beziehungen gab es nicht nur früher, Sie haben sie auch. Sie leben Ihr eigenes Leben, doch gleichzeitig sind da zahllose natürliche Berührungspunkte zu anderen Menschen. Nutzen Sie diese.

Arbeiten Sie der allgemeinen Tendenz entgegen, dass Sie, je länger Sie bereits Christ sind und je engagierter Sie in Ihrer Gemeinde mitarbeiten, desto weniger Kontakte zu Nichtchristen haben.

Machen Sie sich das Beziehungsnetz, in dem Sie stehen, einmal ganz deutlich. Nehmen Sie dazu die nächste Seite und füllen Sie sie aus. Und wenn Sie meinen, dass gerade Sie kaum Bekannte haben, dann nehmen Sie sich gleich ein DIN-A4-Blatt und etwas mehr Zeit. Sie werden staunen, wer da alles zusammenkommt.

Auch wenn es sich platt anhört: der berühmte „Nächste" ist zunächst einmal jemand, der uns nah ist, ein Verwandter, eine Bekannte, ein Freund, eine Arbeitskollegin, ein Nachbar.

Ihr Beziehungsnetz

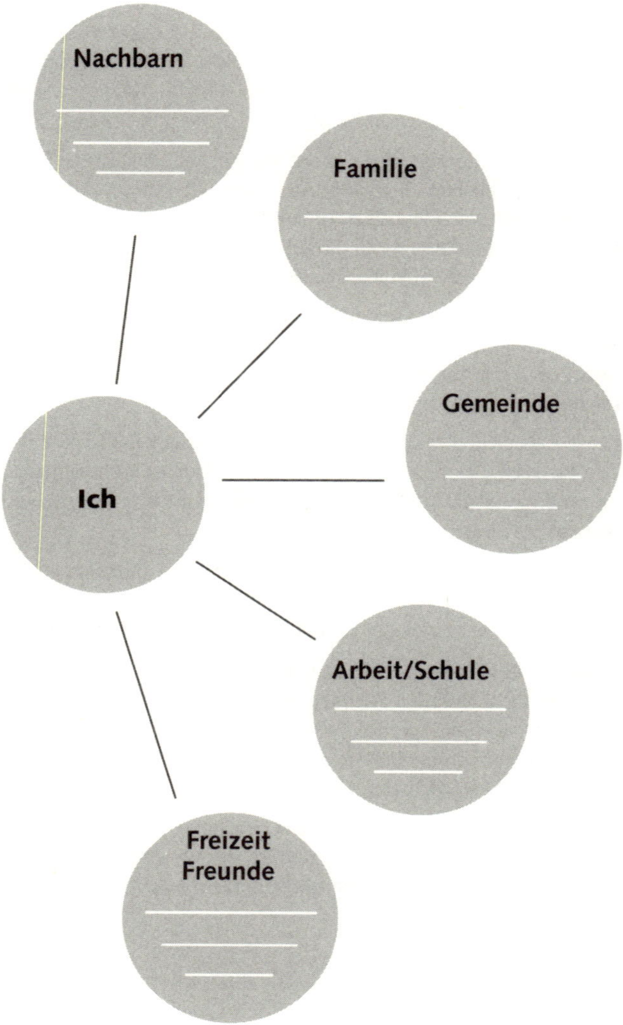

Wenn Sie beim Ausfüllen der Kreise bereits den Eindruck haben, dass Gott Ihnen einen bestimmten Menschen besonders ans Herz legt, dann überlegen Sie doch direkt, wie Sie die vier Schritte von Seite 17 bei ihm oder ihr anwenden können:

Beten

____

____

Gehen

____

____

Reden

____

____

Erwarten

____

____

Typisch für Sie

Die Stilfrage

„Jesus sprach: Ich habe von Gott alle Macht im Himmel und auf der Erde erhalten. Geht hinaus in die ganze Welt, und ruft alle Menschen dazu auf, mir nachzufolgen! Tauft sie im Namen des Vaters, des Sohnes und des Heiligen Geistes! Lehrt sie, so zu leben, wie ich es euch aufgetragen habe. Ihr dürft sicher sein: Ich bin immer bei euch, bis das Ende dieser Welt gekommen ist!" (Matthäus 28,18-20)

Als Jesus seinen Jüngern diesen Missionsauftrag gab, schickte er nicht diejenigen vor die Tür, die keine besondere Gabe der Evangelisation hatten. Er wollte – und will es bis heute – dass alle seine Freunde an dieser Aufgabe mitarbeiten.

Genau Sie

Verabschieden Sie sich bitte vom Klischee des typischen Evangelisten, der schreiend seine Faust in die Bibel schlägt. Denken Sie vielmehr an den Menschen, den Ihnen Gott besonders ans Herz legt (Seite 23). Viele andere würden keinen Zugang zu ihm finden, Sie schon. Wie können Sie ihm in seiner Situation begegnen?

Genau Ihr Typ

Die folgenden Fragen sind alles andere als ein ausführlicher Persönlichkeitstest. Sie sollen Sie lediglich für das sensibilisieren, was Sie eigentlich sowieso schon wissen: Gott möchte genau Sie in genau Ihrer Art gebrauchen. Kopieren Sie keine so genannten Profis, sondern bleiben Sie sich selbst treu. Und nutzen Sie damit Ihre spezifischen Stärken. Was für ein Typ Evangelist sind Sie also? (Überschneidungen sind möglich, Sie sollen hier nicht in eine bestimmte Schublade hineingepresst werden!)

- ○ Ich diskutiere gern. – Seite 26
- ○ Ich sehe schnell Parallelen zwischen mir und anderen. – Seite 26
- ○ Ich komme gern direkt zur Sache. – Seite 27
- ○ Ich kann mich gut in andere hineinversetzen. – Seite 27
- ○ Ich lerne gern neue Leute kennen. – Seite 28
- ○ Ich zeige meine Liebe durch Taten. – Seite 28

„Denk doch mal nach" – Kopfevangelisation

Biblisches Beispiel	Paulus argumentiert mit Philosophen: „Ich habe in eurer Stadt viele Heiligtümer gesehen. Auf einem Altar stand: Dem unbekannten Gott. Von diesem Gott, den ihr verehrt, ohne ihn zu kennen, spreche ich." (Apostelgeschichte 17,23)
Ihre Stärken	Sie sind wissbegierig. Analytisch und logisch denken Sie Dinge gern bis zum Ende durch.
Ihre Schwächen	Auch wenn Sie Fragen beantworten, sagen Sie damit nicht unbedingt das Evangelium weiter. Vorsicht auch vor Rechthaberei und Oberlehrermanier.

Kennen Sie Christen, die diesem Typ entsprechen?

Welche Person aus Ihrem Umfeld würde auf diesen Stil positiv reagieren?

„Ich hab es selbst erlebt" – Erfahrungsevangelisation

Biblisches Beispiel	Ein ehemals Blinder wird angegriffen. Er verteidigt sich mit seiner eigenen Geschichte: „Ich weiß nur eins: Ich war blind, und jetzt kann ich sehen!" (Johannes 9,25)
Ihre Stärken	Sie sind ein guter Zuhörer und Erzähler. Sie haben eine bewegte Vergangenheit und berichten gern von Ihren eigenen Erfahrungen.
Ihre Schwächen	Seien Sie nicht zu verliebt in die eigene Geschichte, sondern erzählen Sie nur das, was anderen weiterhilft. Hören Sie gut zu.

Kennen Sie Christen, die diesem Typ entsprechen?

Welche Person aus Ihrem Umfeld würde auf diesen Stil positiv reagieren?

„Ihr seid gemeint" – Konfrontationsevangelisation

Biblisches Beispiel	Petrus setzt einer Menschenmenge die Pistole auf die Brust und fordert sie zu einer Stellungnahme heraus: „Ganz Israel soll wissen: Gott hat Jesus, den ihr gekreuzigt habt, zum Herrn und Retter gemacht. … Kehrt um zu Gott." (Apostelgeschichte 2,36+38)
Ihre Stärken	Bei Ihnen weiß jeder, woran er ist. Sie sind zuversichtlich und zielgerichtet und fordern eine Reaktion.
Ihre Schwächen	Sie gehen keinem Streit aus dem Weg. Passen Sie auf, dass Sie nicht eine Diskussion gewinnen, aber einen Menschen verlieren.

Kennen Sie Christen, die diesem Typ entsprechen?

Welche Person aus Ihrem Umfeld würde auf diesen Stil positiv reagieren?

„Geh nach Hause" – Alltagsevangelisation

Biblisches Beispiel	Nachdem Jesus ihn befreit hat, will ein ehemaliger Besessener gern mit ihm gehen: „Aber Jesus erlaubte es ihm nicht. Er sagte: Geh nach Hause zu deiner Familie und berichte, welch großes Wunder der Herr an dir getan hat und wie barmherzig er zu dir gewesen ist!" (Markus 5,19)
Ihre Stärken	Sie sind menschen- und beziehungsorientiert. Sie gewinnen andere durch ihr offenes, freundliches Wesen.
Ihre Schwächen	Sie lieben die Harmonie. Pflegen Sie Ihre Freundschaften aber nie auf Kosten der Wahrheit.

Kennen Sie Christen, die diesem Typ entsprechen?

Welche Person aus Ihrem Umfeld würde auf diesen Stil positiv reagieren?

„Kommt und seht selbst“ – Einladungsevangelisation

Biblisches Beispiel	Levi ist erst seit kurzem ein Nachfolger von Jesus und nimmt das zum Anlass für eine Party: „Kurz darauf gab er für Jesus in seinem Haus ein großes Fest und lud dazu viele Zolleinnehmer und seine anderen Freunde ein. Jesus und die Jünger aßen mit ihnen zusammen.“ (Lukas 5,29)
Ihre Stärken	Sie sind gastfreundlich, beziehungsorientiert und überzeugend. Jeder fühlt sich bei Ihnen zu Hause.
Ihre Schwächen	Über all Ihren praktischen Tätigkeiten vergessen Sie manchmal das Reden. Das überlassen Sie (zu) gern den anderen.

Kennen Sie Christen, die diesem Typ entsprechen?

Welche Person aus Ihrem Umfeld würde auf diesen Stil positiv reagieren?

„Wie kann ich helfen?“ – Dienstevangelisation

Biblisches Beispiel	Tabita ist eine Christin aus Joppe. Sie ist mit Sicherheit keine Rednerin und trotzdem stadtbekannt: „Tabita tat viel Gutes und half den Armen.“ (Apostelgeschichte 9,36)
Ihre Stärken	Sie sind demütig und geduldig. Sie erkennen die Nöte der Menschen und machen sie zu Ihrem Anliegen.
Ihre Schwächen	Sie ersetzen gern das Reden durch Ihre Taten, doch die Menschen brauchen beides.

Kennen Sie Christen, die diesem Typ entsprechen?

Welche Person aus Ihrem Umfeld würde auf diesen Stil positiv reagieren?

Just do it!

„Leben heißt handeln.“ (Albert Camus)

So schön es ist herauszufinden, was für ein Typ Evangelist Sie sind – wirklich weiterbringen tut es Sie noch nicht. Jetzt kommt nämlich einer der Knackpunkte beim Evangelisieren: Freuen Sie sich über die Möglichkeiten anderer Christen und halten sich selbst erst einmal zurück? Oder sehen Sie jetzt Ihre Stärken und setzen Sie sie bewusst ein?

Tun Sie's.

Warten Sie nicht auf besseres Wetter, bessere Gelegenheiten oder darauf, dass Sie über Nacht noch heiliger werden, als Sie ohnehin schon sind: Fangen Sie an. Versuchen Sie auf Ihre ureigenste Weise, Menschen für Jesus zu gewinnen.

Tun Sie's allein.

Bilden Sie nicht erst ein „Evangelisationskomitee“, in dem jeder Typ mindestens einmal vorkommt. Rechnen Sie vielmehr damit, dass Gott Ihnen Menschen in den Weg stellt, die gerade Sie mit Ihrer Art ansprechen können.

Tun Sie's im Team.

Bleiben Sie nicht allein! Arbeiten Sie bewusst mit anderen zusammen, um sich zu ergänzen. Wenn Sie ein einladender Typ sind, dann laden Sie ein. Und zwar am besten zu jemandem, der weniger Schwierigkeiten beim Reden hat als Sie.

Wollen Sie, dass sich in Ihrer Gemeinde wirklich etwas bewegt? Dass es normal wird, dass (viele) Menschen zum Glauben kommen? Dann finden Sie die Christen in Ihrer Umgebung, die eine wirkliche Gabe als Evangelisten haben und unterstützen Sie sie nach Kräften. Sie werden staunen, was Gott tut.

Sie wissen jetzt, was für ein Evangelisations-Typ Sie sind. Nutzen Sie dieses Wissen. Setzen Sie Ihre Stärken ein und ergreifen Sie die Initiative. Lassen Sie sich durch andere in Ihren Schwächen ergänzen. Und genießen Sie das Gefühl, von Gott mit Ihren Gaben gebraucht zu werden.

4. Postmoderne – unsere Chance

Wie rede ich mit postmodernen Menschen? Seite 32

Was hat Gandalf mit Evangelisation in der Postmoderne zu tun? – Seite 33

Wo finde ich weiterführende Infos zur Postmoderne? – Seite 59

Typisch postmodern

Soll ich versuchen, auf einer Buchseite eine Strömung zu definieren, die sich nicht definieren lassen möchte und die gleichzeitig für ihre Vielschichtigkeit bekannt ist? Nein. Dazu gibt es kompetente und gute Fachinformation. Stattdessen beschränke ich mich auf eine unvollständige Liste typisch postmoderner Eigenschaften, die Sie gerne noch ergänzen können:

- schnelles Leben
- wachsende Unsicherheit
- fehlende absolute Maßstäbe
- große Toleranz
- Hyperindividualismus
- Erlebnishunger
- extremer Pluralismus
- neue Sentimentalität
- geachtete Spiritualität
- kein Ersatz bisheriger Denkweisen („Moderne"), sondern ihre Erweiterung
- Erfahrungsgesellschaft
- Funktion ist out, Fiktion ist in
- Abschied von jeder Einheitlichkeit
- das einzig Konstante ist der Wandel
- multioptionale Welt
- neue Wertorientierung
- Informationsgesellschaft
- ...

„Leben heißt in unserer Zeit ‚erleben'. Nicht Arbeit, Mühe, Leiden, Sparsamkeit, Entbehrung und Pflichtbewusstsein sind mehr Lebensinhalte, sondern Genuss, Zerstreuung, persönliches Glück, gutes Gefühl und Innenorientierung. Die Selbstentfaltungswerte haben die Werte des Pflichtbewusstseins abgelöst." (Stephan Holthaus: *Erlebnisorientiertes Christsein heute.* In: *Beatenberger Perspektiven* 1-2/97)

Es gibt Probleme

In einer multioptionalen Gesellschaft, in der Toleranz alles ist und absolute Werte nicht existieren, ist Jesus Christus mit seinem Anspruch ein Ärgernis: „Ich bin der Weg, ich bin die Wahrheit, und ich bin das Leben! Ohne mich kann niemand zum Vater kommen." (Johannes 14,6) Das passt heute nicht in die allgemeine Landschaft. Aber das war auch schon früher so.

Dazu kommt, dass postmodernes Denken an der Gemeindetür nicht Halt macht. So ist es ganz normal, dass die Bedenken steigen, „anderen unseren Glauben aufzuzwingen".

Es gibt Chancen

Andererseits öffnet die Postmoderne auch manche Türen:

- Im permanenten Wandel sind christliche Grundwerte wieder gefragt.
- Spiritualität ist hoch im Kurs.
- Sie sind willkommen, wenn Sie von Ihren Erlebnissen mit Gott erzählen.

Und das war schon immer so

Viele Berührungsängste mit einer postmodernen Gesellschaft haben gar keine biblischen Werte als Hintergrund, sondern vielmehr fromme Traditionen und Wunschvorstellungen. Wann gab es denn schon eine wirklich christlich geprägte Gesellschaft? Die Gesellschaft, in der Jesus, seine Jünger und die ersten Christen lebten, und in der sich das Christentum am stärksten ausgebreitet hat, war jedenfalls keine christlich geprägte Gesellschaft, sie war eher multireligiös, uneinheitlich, ohne feste Maßstäbe,... Genau: Die gute alte, biblische Zeit war der Postmoderne ganz schön ähnlich.

Evangelisation ist das Weitersagen der unverändert guten Nachricht in immer anderer Form in jede Gesellschaft hinein – und das funktioniert auch in der Postmoderne.

Die Gegenwart findet heute statt

Eigentlich ist es fast egal, was Sie von der Postmoderne halten und ob Sie sie eher als Chance oder als Gefahr begreifen. Denn eine echte Wahl haben Sie nicht – heute ist heute. Was Sie entscheiden können, ist nur, was Sie mit Ihrer Zeit heute anfangen, und nicht, ob Sie lieber eine andere hätten…

„Ich wünschte, das wäre nicht zu meinen Lebzeiten!" sagte Frodo. „Das wünschte ich auch", sagte Gandalf, „und das wünscht sich jeder, der in solchen Zeiten lebt. Aber darüber haben wir nicht zu befinden. Entscheiden können wir nur, was wir mit der Zeit, die uns gegeben ist, anfangen."
(J.R.R. Tolkien: *Der Herr der Ringe. Die Gefährten.* Klett-Cotta. S.76-77)

„Die Gegenwart ist der Zustand zwischen der guten alten Zeit und der schöneren Zukunft." (Zarko Petan)

„Auch die beunruhigendste Gegenwart wird bald Vergangenheit sein. Das ist immerhin tröstlich." (Thornton Wilder)

„Ich könnte mir in allen großen Zeitungen des Landes folgende Mitteilung vorstellen: Wichtige Mitteilung an alle Bürgerinnen und Bürger: Die Welt ist hier und jetzt!" (Jostein Gaarder)

Die Hauptfrage ist nicht, ob wir die Postmoderne mögen, sondern wie wir mit ihr umgehen – denn wir sind mittendrin.

Evangelium live – Ihre Story

Alle wollen Geschichten hören

Menschen wollen Storys

Im letzten Abschnitt haben wir gesehen, dass die postmoderne Gesellschaft erlebnishungrig ist, eine Erfahrungsgesellschaft. Was ist daran kompliziert? Es heißt doch nichts anderes, als dass Menschen heute auf Geschichten warten. Auf Geschichten, die relevant sind, in denen etwas geschieht. Geschichten, die wahr sind, weder weichgespült noch schöngefärbt. Geschichten, die tiefer gehen als das, was sowieso jeder sieht, die auch eine spirituelle Ebene haben, ohne dabei ihre „Bodenhaftung" zu verlieren. Kann es sein, dass die Welt auf Ihre persönliche Lebensgeschichte wartet, darauf, dass Sie erzählen, wie Sie zum Glauben gekommen sind?

Jesus erzählt Storys

So neu ist das Prinzip gar nicht, Zusammenhänge anhand von Geschichten zu verdeutlichen. Wenn Sie sich anschauen, was Jesus am liebsten tat, sehen Sie ihn selten bei einer klassischen Predigt oder beim Erläutern von theoretischen Zusammenhängen. Meistens erzählt Jesus.

- Er erzählt begeistert von Gott: „Eines Tages drängte sich am See Genezareth eine große Menschenmenge um Jesus. Alle wollten hören, was er von Gott erzählte." (Lukas 5,1)
- Er erzählt von sich: „Ich rufe ihnen zu: Jetzt erlässt Gott eure Schuld. ... Heute hat sich diese Voraussage des Propheten erfüllt." (Lukas 4,17-22)
- Er erzählt Gleichnisse, also Geschichten: „Jesus antwortete ihm mit einer Geschichte: Ein Mann wanderte von Jerusalem nach Jericho. Unterwegs wurde er von Räubern überfallen..." (Lukas 10,30ff)

Menschen lieben Geschichten. Deshalb hat Jesus so viele davon erzählt und deshalb sind die vier Evangelien Geschichtsbücher. Genau deshalb ist auch Ihre Geschichte mit Jesus so wichtig.

Die Vorteile

Es ist kein Zufall, dass auf der gegenüberliegenden Seite nicht „die Nachteile“ aufgezählt sind, denn es gibt praktisch keine. Ihre persönliche Lebensgeschichte, das, was Sie mit Jesus erleben, ist *die* Story schlechthin.

- Sie haben Ihre Story selbst erlebt. Das ist der Unterschied zwischen der Erzählung, dass Sie gehört haben, dass der Freund Ihres Schwagers 3. Grades früher einmal… und einer Live-Schaltung in Ihr eigenes Leben.
- Ihre Bekannten interessieren sich dafür. Wenn Sie jetzt sagen: „Das kann ich mir nicht vorstellen.“, dann haben Sie es entweder vor lauter Schüchternheit noch nicht probiert, oder Sie erzählen so viel von sich, dass andere es schon nicht mehr hören können. Kleiner Tipp: Wer selber zuhört, dem hören auch andere gern zu.
- Ihre Zuhörer können darüber eine Beziehung zu Ihnen herstellen. Wenn Sie von sich erzählen, sind Sie nicht länger „der typische Christ“, dann sprengen Sie die Schublade, in die man Sie vielleicht stecken wollte, und zeigen, wer Sie wirklich sind.
- Sie bauen damit eine Brücke in den Alltag hinein. Und genau da gehört der Glaube hin.
- Sie vermeiden fruchtlose Streitgespräche. Es gibt tausend verschiedene Auffassungen zur Frage Schöpfung oder Evolution, doch wer wollte Ihnen allen Ernstes streitig machen, was Sie selbst erlebt haben, solange Sie Ihre Erfahrung nicht als allgemeinverbindlich darstellen?

Ihre Story ist reif für den Pulitzer-Preis: authentisch, interessant, überraschend und doch alltäglich. Und sie ist nicht verhandelbar, denn genau so haben Sie sie erlebt.

Das Vorbild

„Das menschliche Gehirn ist eine großartige Sache. Es funktioniert bis zu dem Zeitpunkt, wo du aufstehst, um eine Rede zu halten." (Mark Twain)

Kann man etwas gegen solch einen Blackout tun? Gibt es Hilfen oder Vorbilder für das Erzählen der eigenen Geschichte? So etwas wie ein Muster, an dem man sich orientieren kann?

Ja, ja und ja.

Paulus steht eines Tages vor Gericht. Als Aufrührer angeklagt, landet er schließlich bei König Agrippa. Der fordert ihn auf: „Du darfst dich jetzt selbst verteidigen." Und das tut Paulus, indem er seine Geschichte mit Jesus erzählt.

Nehmen Sie sich Ihre Bibel und lesen Sie die Verteidigungsrede von Paulus in Apostelgeschichte 26, 2-23.

Lesen Sie sie einmal laut und stoppen Sie dabei die Zeit. Wie beschreibt Paulus die Zeit vor seinem Leben mit Jesus, wie die Begegnung mit Jesus und was sagt er über sein Leben als Christ?

Dauer der Story: ______________________________

Leben ohne Jesus:

____

____

Begegnung mit Jesus:

____

____

Leben mit Jesus:

____

____

Wenn es stimmt, dass die Art und Weise, wie Sie persönlich zu Jesus gefunden haben, Menschen besonders berühren kann, dann lohnt es sich, in das Erzählen dieser Geschichte etwas Zeit und Arbeit zu stecken.

Sie sind dran: Ihre Story

Paulus in Apg. 26	**V. 2-11**
Inhalte	**ohne Christus**

vorher

Und wie war das bei Ihnen?

Was hat Ihr Leben zu dieser Zeit bestimmt? Warum haben Sie sich für den Glauben an Jesus Christus geöffnet?

Sehen Sie die Leerzeilen nicht als Verzierung an. Nehmen Sie sich ein paar Minuten Zeit und schreiben Sie Ihre Story in Stichworten auf.

V. 12-18
Umkehr

V. 19-23
mit Christus

hinterher bis jetzt

Warum haben Sie sich schließlich für ein Leben mit Jesus Christus entschieden? Was waren Ihre konkreten Schritte?

Was hat sich durch den Glauben an Jesus Christus in Ihrem Leben verändert?

Der Teufelskreis des Schweigens

Auf der vorigen Seite haben Sie sich ein paar Stichworte notiert. Nicht? Tun Sie es bitte noch. Denn jetzt kommt genau das, was Sie schon befürchtet haben: Nehmen Sie sich einfach ein Blatt Papier oder Ihren PC und schreiben Sie Ihre Geschichte mit Jesus auf. Vollständig und ausformuliert. Ihre Rechtschreibung spielt dabei keine Rolle.

Ist Ihnen das zu blöd? Zu amerikanisch? Dann haben Sie es entweder schon einmal gemacht (Herzlichen Glückwunsch!), oder Sie stecken im typischen Dilemma der westeuropäischen Christen:

- „Aufschreiben möchte ich meine Geschichte nicht. Ich erzähle sie lieber spontan und natürlich."
- „Erzählt habe ich meine Geschichte aber noch (fast) nie, denn im entscheidenden Moment wusste ich nie so recht, was ich erzählen sollte und habe mich nicht getraut."

Durchbrechen Sie diesen Teufelskreis! Wenn Sie Ihre Geschichte aufschreiben, haben Sie sie noch niemandem erzählt, doch Sie senken die Hürde erheblich und helfen sich selbst, von dem zu reden, was Ihnen wirklich wichtig ist.

„Es ist doch seltsam, dass wir gerade über die Dinge, die uns am meisten beschäftigen, am wenigsten reden."
(Charles Lindbergh)

Tipps zum Erzählen

- Seien Sie bereit, davon zu erzählen, wenn Sie nach Ihrer Beziehung zu Jesus gefragt werden.
- Ergreifen Sie die Initiative, wenn Sie nicht gefragt werden.
- Fassen Sie sich kurz. Der Begriff „Lebensgeschichte" sollte Sie nicht dazu verleiten, in Echtzeit zu erzählen. Und in drei Minuten lässt sich erstaunlich viel sagen.
- Übertreiben Sie nicht. Sie brauchen Ihre Geschichte nicht mit dramatischen Elementen aufzupeppen.
- Lesen Sie Ihre Geschichte nicht vor, auch wenn Sie sie aufgeschrieben haben. Stellen Sie sich vor, dass ein Freund Sie fragt, wie „diese Sache mit Jesus" bei Ihnen angefangen hat. Und Sie lächeln ihn an und ziehen drei Seiten, eng bedruckt mit Ihrer Story aus der Tasche und fangen an, sie ihm vorzulesen...
- Sprechen Sie so, wie Sie immer sprechen. Kopieren Sie nicht die Christen, die meinen, ein tiefer Seufzer und ein salbungsvoller Tonfall wären zum „Zeugnisgeben" nötig.
- Fragen Sie Ihre Zuhörer, was bei Ihnen angekommen ist, denn erzählt ist noch lange nicht verstanden.
- Predigen Sie nicht. Erst einmal geht es nicht darum, was Gott beim anderen tun will, sondern was er bei Ihnen getan hat.

„Sag's verständlich und mach's kurz." (Lee Iacocca)

Lassen Sie sich nicht entmutigen, erzählen Sie! Denn schlimmer als alles, was Sie dabei falsch machen können, ist es, vor lauter Bedenken gar nichts zu erzählen. Gott kann einiges glatt bügeln, was Sie krumm ausdrücken, aber was soll er tun, wenn Sie gar nichts sagen...?

Und so war das bei mir

Hauke Burgarth

Echte Zweifel daran, dass es so etwas wie ein höheres Wesen oder Gott gibt, hatte ich nie. Ich wuchs „gut evangelisch" auf, ging also regelmäßig an Weihnachten mit meinen Eltern in die Kirche. Harmoniebedürftig war ich schon immer. Leider kam das bei uns zu Hause nie so recht zur Entfaltung, denn entweder stritt ich mich mit meinen Schwestern oder sie stritten sich mit mir. Trotzdem blieb Friede ein wichtiges Thema für mich. Während meiner Konfirmandenzeit unternahm ich ein paar Anläufe, daheim ein friedlicheres Klima zu produzieren, manche davon hatten auch einen frommen Anstrich – aber sie funktionierten nicht. So verlegte ich meine Anstrengungen eher nach außen. Als Teenager engagierte ich mich politisch und demonstrierte regelmäßig gegen Atomkraftwerke, gegen Raketenstationierung und für den Frieden in der Welt. Ich wollte das äußerlich schaffen, was ich innerlich, für mich selbst nicht hinbekam.

In dieser Zeit zogen wir als Familie um, und ich lernte Christoph kennen. Wir gingen auf die gleiche Schule, wohnten im gleichen Dorf und verstanden uns gut. Das einzige Problem bei unserer Freundschaft war, dass er bewusst mit Jesus lebte und in dieser Beziehung auch kein Blatt vor den Mund nahm. Immer wieder lud er mich ein, ihn zum Jugendkreis seiner Gemeinde zu begleiten. Ich wollte – und wollte auch wieder nicht. Ich hatte einfach Angst vor dem Unbekannten. Deshalb erfand ich eine Ausrede nach der anderen, bis mir keine mehr einfiel und ich eben doch mitkam. Was sollte mir schon passieren?

Viel weiß ich von diesem ersten Jugendkreis nicht mehr. Weder, was es zu essen gab, noch was an diesem Abend das Thema war. Was mich allerdings echt getroffen hatte, war die Art und Weise, wie die anderen Jugendlichen beteten. Sie redeten mit Gott, als ob er wirklich da wäre. Und ich wusste sofort: Wenn das echt ist, dann will ich auch so eine Beziehung zu Gott haben. So ging ich regelmäßig in diese Gemeinde und grub auch meine Bibel wieder aus und las darin. Und irgendwann fiel bei mir der Groschen: Ich verstand, dass ich Jesus und seinen Frieden brauchte. Und dass meine Schuld und mein Versagen mich bisher davon getrennt hatten. So betete ich eines Abends und bat Jesus darum, mir zu vergeben, mein Leben zu betreten und sich darin „breit zu machen". Es war ein besonderer Moment, auch wenn ich nicht gehört habe, wie die Engel im Himmel Halleluja gesungen haben – aber ich weiß, dass sie es taten, und ich weiß, dass ich seit diesem Abend zu Gottes Familie gehöre.

Aber was änderte sich dadurch? Ich war vorher eher brav – und war es hinterher immer noch. Doch die Fehden mit meinen Schwestern klärten sich langsam. Mein Wert hing jetzt nicht mehr von meiner Leistung ab. Der innere Friede, den ich gesucht hatte, war jetzt spürbar da. Und Stück für Stück begann Gott, mich zu verändern. Ich lernte, anderen zu vergeben. Oder zu meinem Versagen zu stehen und mich zu entschuldigen. Dinge, die mir vorher unmöglich waren. Und trotz aller Rückschläge merkten meine Schwestern, dass ich irgendwie anders geworden war und begannen, sich selbst für Jesus zu interessieren. Natürlich erzählte ich auch meinen Eltern voller Begeisterung: „Mein Leben ist ganz neu geworden." Darauf meinten sie zunächst nur: „So eine religiöse Erfahrung ist gut für deine Entwicklung.", doch dieser Trip dauert inzwischen schon 24 Jahre. Ich bin zwar nicht der Überflieger-Christ geworden, der alle Probleme spielend bewältigt – wenn es ihn denn geben sollte – aber eine meiner Befürchtungen ist nie wahr geworden: die, dass das Leben mit Jesus im Laufe der Zeit langweilig wird. Ich bin gespannt auf die nächsten 24 Jahre…

Step by Step – Evangelisation als Prozess

Wachstum statt Explosion

Sie haben Ihren Widerstand gegen das Evangelisieren fast schon aufgegeben und als Sie Ihren Bekanntenkreis in Gedanken durchgegangen sind, ist Ihnen auch direkt jemand in den Sinn gekommen, den Sie erreichen möchten. Sie beten dafür und überlegen sich, welche Art der Ansprache zum anderen und natürlich auch zu Ihnen passt. Und dann warten Sie auf eine geeignete Gelegenheit. Schließlich fassen Sie sich ein Herz und sprechen Ihren Bekannten an. Es ergibt sich ein gutes Gespräch über den Glauben und Sie können ihm einiges erzählen, was Sie bisher mit Gott erlebt haben. Dann bedankt er sich höflich – und geht.

Halt. Das haben Sie sich aber anders vorgestellt. Eigentlich ist es Ihnen völlig egal, ob sich Ihr Bekannter zum Beten mit Ihnen hinkniet oder ob Sie dazu auf dem Sofa sitzen bleiben, nur dieser Abschluss passt nicht: er muss sich doch noch bekehren. Oder?

Abgesehen davon, dass er eben *nicht* muss, was frustriert Sie an diesem Verhalten? Auch wenn *die eine* Entscheidung für Jesus nicht gefallen ist, ist Ihr Bekannter vielleicht einen deutlichen Schritt weitergekommen. Vorher dachte er: Alle Christen sind Weicheier. Und jetzt denkt er: Na ja, jedenfalls nicht alle. Mein Bekannter ist Christ und scheint trotzdem in Ordnung zu sein.

Denken Sie einmal an Ihre Entscheidung für ein Leben mit Jesus. Wie viele Kontakte zu Christen und Gespräche gingen da voraus? Notieren Sie drei dieser Begebenheiten oder Gespräche, die Sie heute als Meilensteine auf dem Weg zu Jesus ansehen.

1. ________________________________

2. ________________________________

3. ________________________________

Hätten Sie Ihre Entscheidung für Jesus genauso treffen können, wenn diese Meilensteine nicht da gewesen wären?

Der wichtigste Schritt ist immer der nächste – das gilt auch für den Weg zum Glauben.

Die Engelskala

Die Engelskala beschreibt nicht, wie aus Sündern Engel werden. In ihr beschreibt Professor James Engel vielmehr die Schritte eines Menschen, der zuerst alles Übernatürliche ablehnt und sich dann Schritt für Schritt Gott annähert, bis er schließlich als Mitarbeiter in einer Gemeinde integriert ist.

+5	Bewusste Anleitung anderer zur Jüngerschaft / f
+4	Aktives Weitersagen des Evangeliums
+3	Erreichen einer gewissen geistlichen Reife / Jüng
+2	Eingliederung in eine Gemeinde
+1	Begreifen der Konsequenzen des Glaubens
0	Persönliche Lebensübergabe / Wiedergeburt
-1	Entscheidung zur Lebensübergabe
-2	Persönliches Betroffensein / Wunsch nach Verän
-3	Positive Einstellung gegenüber dem Evangelium
-4	Verstehen des einfachen Evangeliums
-5	Interesse am christlichen Glauben
-6	Verschwommenes Bild vom christlichen Glauben
-7	Rechnen mit einem „höheren Wesen“
-8	Ablehnung alles Übernatürlichen

Natürlich dient die Engel-Skala nicht dem Schubladisieren unserer Freunde. Sie hilft uns aber, uns der einzelnen Schritte bzw. des manchmal langen Weges bis zu einer Entscheidung bewusst zu werden.

des geistliches Wachstum

Wachstum im Glauben

Weg zum Glauben

FLIRT-Evangelisation

Flirten ist werbendes Reden von Herz zu Herz. Das gilt besonders für das Reden vom Evangelium.

Fifty-fifty-Kommunikation pflegen

Reden Sie, so viel und so lange wie es geht, nur lassen Sie dazwischen genug Pausen, damit der andere dasselbe tun kann. Niemand möchte verbal zugemüllt werden. Wenn Sie mal charmanter Zuhörer und mal aktiver Sprecher sind, dann entwickeln sich Gespräche, die diesen Namen wirklich verdienen.

„Im Gespräch sollte es eine natürliche Entfaltung geben, ein Aufblühen aller, die miteinander reden. Streit wird es unvermeidlich geben, aber es wird ein Turnier sein, keiner wird umgebracht. Statt ein kalter Haufen von Leichnamen zu sein, werden die Besiegten mit den Siegern zusammen trinken." (John B. Priestley)

Locker bleiben

Stellen Sie sich einen Flirt vor, der abläuft wie ein Schachspiel. Natürlich gibt es auf e2-e4 mehrere Antwortmöglichkeiten, doch das Schema ist klar: Für einen Flirt tödlich! Vergessen Sie also jede Vorgabe à la „Glaubensgespräche, Teil 1" und haken Sie nicht in Gedanken Ihre Liste mit Fragen ab. Und wenn das Gespräch ganz vom Thema abkommt? Entweder haken Sie freundlich nach („Jetzt würde mich aber doch noch interessieren, wie du darüber denkst...") oder Sie akzeptieren es einfach. Meist gibt es doch ein nächstes Treffen.

Apropos locker sein. Das heißt auch über sich selbst lachen können. Wenn Sie das tun können, während Sie mit jemandem über den Glauben reden, haben Sie bereits gewonnen.

„Kann man denn nicht auch lachend sehr ernsthaftig sein?" (G.E. Lessing)

Initiativ sein

Initiative ist eigentlich nur ein anderes Wort für Liebe. Wer wirklich liebt, der kann zwar warten, doch er gibt auch nicht einfach auf. Ich bin sicher, dass manch einer, der Jesus und ein Leben mit ihm ablehnt, sich eigentlich nur fragt. „Mal sehen, ob ich dem anderen so wichtig bin, dass er noch einmal damit ankommt..." Deshalb: Ergreifen Sie die Initiative.

„Initiative ist Disziplinlosigkeit mit positivem Ausgang." (Unbekannt)

Reaktion erwarten

Sie investieren Ihr Geld nur da, wo sich die Investition wahrscheinlich auszahlen wird. Und manchmal liegen Sie damit richtig. Wenn Sie in Menschen investieren, dann wissen Sie, dass Gott dasselbe bereits getan hat. Und weil Gott selbst an diesen Menschen handelt, können Sie damit rechnen, dass etwas geschieht.

„Sag, was du brauchst, und du kriegst, was du willst." Klare Kommunikation ergibt eine klare Reaktion.

Tun – statt darüber reden

Das Schlimmste, was Sie bei einem echten Flirt ernten können, ist ein Korb. Das Schlimmste, was Sie bei einem evangelistischen Gespräch in unseren Breiten ernten können, ist ein Nein. Und das sollte Ihnen genauso viel Angst machen wie die anderen Neins, die Sie im Laufe eines normalen Tages kassieren: *Keine!* „Nein, ich kann heute nicht kommen." – „Nein, Ihr Auto ist noch nicht fertig." – „Nein, da bin ich anderer Meinung." – Wo ist das Problem?

Natürlich kann man beim Reden über Jesus Fehler machen. Ich erinnere mich an ziemlich viele. Doch der größte Fehler ist es, gar nichts zu sagen.

Die FLIRT-Frage heißt: Sind unsere Beziehungen und Freundschaften echt oder dienen sie nur dem Zweck der Bekehrung?

Wo bist du, Gott?

(Auszug aus dem Heft *Wo bist du, Gott?* von Campus für Christus, siehe Seite 60.)

- Es ist wichtig, liebevoll zu kommunizieren.
- Es ist wichtig, meine Story mit Jesus erzählen zu können.
- Und es ist genauso wichtig, das Evangelium an sich kurz zusammenfassen zu können. Was hat Jesus getan? Warum? Und was hat das mit mir zu tun?

Die vier Fragen, die im Folgenden gestellt werden, sind eine von vielen verschiedenen Darstellungsmöglichkeiten des Evangeliums, die Menschen helfen können, Gott zu begegnen.

1. Denken Sie, dass Gott uns liebt? Glauben Sie, dass er uns ein erfülltes Leben geben kann?

Die Bibel zeigt, dass Gott jeden einzelnen Menschen mit einem einzigartigen Design geschaffen hat, das in der Beziehung mit ihm zur vollen Entfaltung kommen soll.

„Herr, ich danke dir dafür, dass du mich so wunderbar und einzigartig gemacht hast!" (Psalm 139,14)

Jesus sagte: „Ich bringe Leben – und das im Überfluss." (Johannes 10,10)

2. Was ist schief gelaufen?

Wenn wir unser Leben anschauen, spüren wir, wie wenig „heil" es in vielen Bereichen aussieht:

- Enttäuschungen, oft schon in der Kindheit,
- Verletzungen, die wir von anderen Menschen erfahren haben,
- eigenes Fehlverhalten

haben das Abbild Gottes in uns entstellt, unser Vertrauen zu Gott blockiert. Egal wie sehr wir das Glück suchen, wir können es doch nicht gewinnen.

Diese Blockadehaltung, unser Misstrauen gegenüber Gott und die Einstellung „Ich mache, was ich will!" nennt die Bibel Sünde. Die Folge davon sind gestörte Beziehungen zu anderen Menschen, zu uns selbst und zu Gott.

Gott möchte jedoch, dass wir ihn erkennen und eine persönliche Beziehung zu ihm aufbauen. Er möchte uns begegnen.

„Du sollst den Herrn, deinen Gott, lieben von ganzem Herzen, mit ganzer Hingabe und mit deinem ganzen Verstand! Das ist das erste und wichtigste Gebot. Ebenso wichtig ist aber das zweite: Liebe deinen Mitmenschen wie dich selbst!" (Matthäus 22,37)

3. Wie wird Gott für uns erfahrbar?

Gott wurde in Jesus Christus Mensch und kam zu uns, um uns zu suchen und zu retten. Er heilte und befreite Menschen von Krankheiten und negativen Bindungen. Sein ganzes Leben war Ausdruck der Liebe Gottes. Aber die Menschen wollten ihn nicht verstehen, verrieten ihn und forderten seinen Tod am Kreuz.

Jesus gab sich in die Hände von Menschen und starb stellvertretend für uns. Durch seine Hingabe am Kreuz sind wir erlöst.

„Vergesst nicht, wie viel Christus für unsere Sünden leiden musste! Er, der frei von jeder Schuld war, starb für uns schuldige Menschen, und zwar ein für alle Mal. So hat er uns zu Gott geführt." (1. Petrus 3,18)

Jesus ist von den Toten auferstanden. Seine Auferstehung bestätigt, dass er Gottes Sohn ist, dass Gott bereit ist, uns zu vergeben und dass wir durch ihn Zugang zu Gott haben.

„Ich bin der Weg, ich bin die Wahrheit, und ich bin das Leben! Ohne mich kann niemand zum Vater kommen." (Johannes 14,6)

„Denn Gott hat die Menschen so sehr geliebt, dass er seinen einzigen Sohn für sie hergab. Jeder, der an ihn glaubt, wird nicht zugrunde gehen, sondern das ewige Leben haben." (Johannes 3,16)

4. Was für eine Beziehung haben Sie zu Jesus Christus?

Jesus Christus möchte jeden von uns in seine Nähe rufen, auch wenn wir bisher seine Einladung überhört, unsere eigenen Pläne vorgezogen oder unser Leben lieber an anderen Angeboten und pseudoreligiösen Praktiken ausgerichtet haben. Doch er drängt sich nicht auf.

Jesus Christus spricht: „Merkst du es denn nicht? Noch stehe ich vor deiner Tür und klopfe an. Wer jetzt auf meine Stimme hört und mir die Tür öffnet, zu dem werde ich hineingehen und Gemeinschaft mit ihm haben."
(Offenbarung 3,20)

„Die ihn aber aufnahmen und an ihn glaubten, denen gab er das Recht, Kinder Gottes zu werden." (Johannes 1,12)

Dieses „Glauben" bedeutet eigentlich: Jesus Christus die Tür öffnen, ihn eintreten lassen in mein Leben und ihm darin den ersten Platz geben, hineinwachsen in eine existenzielle Beziehung zu ihm. Es ist nicht nur ein Für-wahr-Halten von Lehrsätzen, sondern ein lebendiges Zu-Gott-Gehören.

Wie sieht jetzt Ihr nächster Schritt aus?

Wenn Sie jetzt einen Weg suchen, wie Sie Ihr Leben bewusst Jesus Christus anvertrauen können, dann können Sie das ganz schlicht mit Ihren eigenen Worten ausdrücken. Reden Sie von Herzen – Gott versteht Sie. Vielleicht können Ihnen auch die folgenden Worte eine Hilfe sein:

„Jesus Christus, ich danke dir, dass du mich liebst und dass du als Gott Mensch geworden bist. Mir ist klar geworden, dass ich mein Leben selbst bestimmt habe. Vergib mir meine Schuld. Danke, dass du mir alles vergeben hast, weil du am Kreuz für mich gestorben bist.

Ich öffne dir mein Herz als meinem Herrn und Erlöser. Bitte komm in mein Leben! Heile du alle Wunden meines Lebens und verändere mich durch den Heiligen Geist so, wie du mich haben willst. Ich danke dir, dass du dieses Gebet erhört hast. Amen."

Hilfe, jemand will sich entscheiden

Was geschieht wirklich, wenn Sie mit anderen über den Glauben reden? – Seite 55

Wie erkennen Sie, ob ein Mensch bereit ist? – Seite 56

Wie begleiten Sie einen jungen Christen? – Seite 58

Ja, ich will

„Ein Pessimist ist ein Mensch, der das Schlimmste erhofft und auf das Beste gefasst ist." (Karl Kraus)

Sie haben das ganze Buch durchgearbeitet. Geduldig sind Sie Schritt für Schritt vorangegangen. Ohne Druck, aber zielgerichtet. Sie haben dafür gebetet, dass Gott Ihnen jemand zeigt, dem Sie weiterhelfen können. Sie sind ihm auf Ihre typische Art begegnet und gut miteinander ins Gespräch gekommen. Dann konnten Sie ihm erzählen, wie Sie selbst zu Jesus gefunden haben und was dadurch in Ihrem Leben geschehen ist. Ihr Bekannter hat sich mehr und mehr geöffnet und wollte plötzlich, dass Sie ihm das Evangelium erklären, dass Sie ihm sagen, wie auch er eine lebendige Beziehung zu Jesus haben kann. Genau das haben Sie gemacht, in dem Wissen, dass er natürlich jederzeit nein sagen kann.

Und was tut dieser unberechenbare Mensch? Er sagt ja.

Was nun?

Dieses „Problem" kann ich Ihnen zum Glück nicht ersparen. Es ist ja auch nur ein Problem, weil wir uns schon so daran gewöhnt haben, dass manche evangelistische Aktion zum Treffpunkt von Christen geworden ist. Und dass es normal ist, das sich Menschen *nicht* für ein Leben mit Jesus entscheiden.

Sie werden erleben, dass Menschen nicht – oder nicht sofort – ja sagen. Aber Sie werden auch erleben, dass Menschen positiv reagieren, dass sie Jesus kennen lernen wollen.

Natürlich akzeptieren wir ein Nein, aber wir rechnen mit einem Ja. Und weil Gott derjenige ist, der handelt, ist das mehr als Blauäugigkeit.

Ein kurzer Check ✓

Noch einmal: Jemand sagt Ihnen, dass er anfangen möchte, mit Jesus zu leben. Was tun Sie? Natürlich können Sie nicht in ihn hineinschauen. Sie können ihn nicht wie einen Kuchen im Ofen anstechen, um zu sehen, ob er wirklich „fertig" ist. Aber Sie können dem anderen mit ein paar Fragen helfen, selber zu sehen, was seine Situation ist. Und Sie können ihn bei seiner Entscheidung für Jesus unterstützen.

Ist es soweit?

„Sind Sie an dem Punkt angekommen, wo Sie Jesus Christus Ihr Leben anvertrauen möchten?" – Nehmen Sie sich Zeit für dieses Gespräch. Es darf kein „Haustürgeschäft" sein, das man schon nach kurzer Zeit bereut.

„Haben Sie diesen Schritt schon einmal getan?" – Wenn nicht, dann können Sie ihn jetzt gemeinsam tun. Aber was tun Sie, wenn Ihr Gegenüber ja sagt? Die Hinwendung zu Jesus ist wie die Geburt in eine neue Familie hinein. Und wie jede Geburt geschieht sie nur einmal. Hier ist Ihr Fingerspitzengefühl gefragt: Braucht Ihr Gegenüber einen Zeugen für seine Entscheidung, der ihn daran erinnern kann? Oder würden Sie ihn durch seine neuerliche Entscheidung nur in seinen Zweifeln bestätigen? (Vgl. den Roten Faden *Sicher im Glauben sein*)

„Sie wollen noch darüber nachdenken? Okay! An welchem Punkt Ihres Weges befinden Sie sich zurzeit?" – Helfen Sie dem anderen dabei zu sehen, wo er steht.

„Spricht etwas dagegen, Gott jetzt um Vergebung zu bitten?" – Ohne Druck auszuüben, können Sie so noch einmal nachhaken und zu einer Entscheidung herausfordern.

Beten Sie

Grundlage der Entscheidung ist das Gespräch mit Gott. Soll dieses Gebet vorformuliert sein oder nicht? – Ein Muster für solch ein vorformuliertes Gebet finden Sie auf Seite 53. Sie können es als Formulierungshilfe nehmen. Oder Sie können es Satz für Satz vorsprechen und den anderen nachsprechen lassen. Je nachdem, was ihm lieber ist, denn es geht um die Einstellung, nicht um die Wortwahl.

Entspannen Sie sich, Gott will handeln und nicht Sie.

Beten Sie für Ihren Bekannten.

Ermutigen Sie ihn, seine Sünden zu bekennen und um Vergebung zu bitten. – Wer konkret Dinge beim Namen nennt, versteht in der Regel leichter, dass sie wirklich vergeben sind.

Danken Sie Gott gemeinsam, dass er jetzt sein Kind ist.

Feiern Sie

„Genau so freuen sich auch die Engel Gottes, wenn ein einziger Sünder zu Gott umkehrt." (Lukas 15,10)

Sprechen Sie über das, was geschehen ist und geben Sie Ihrer Freude Raum. Das Geschehene ist gleichzeitig alltäglich (Es geschieht ständig auf der ganzen Welt) und etwas ganz Besonderes (Nicht jeder geht diesen Schritt).

Entscheidend ist, dass Ihr Gegenüber den Glaubensschritt getan hat, nicht dass er ein bestimmtes Gefühl hat.

Gehen Sie gemeinsam voran

Helfen Sie Ihrem Bekannten, mit anderen Christen in Kontakt zu kommen. Finden Sie gemeinsam eine Gemeinde, eine passende Kleingruppe. Wenn möglich, treffen Sie sich eine Zeitlang regelmäßig mit ihm.

Ermutigen Sie ihn zum Beten. Zum Bibellesen. (Starthilfe kann z.B. das Buch sein: *Erste Schritte im neuen Leben*, Campus für Christus.)

Bestärken Sie ihn darin, auch anderen von dem Schritt zu erzählen, den er gegangen ist. Fragen Sie ihn zum Beispiel, wer sich wohl mit ihm darüber freuen wird.

Der Rote Faden in der Kleingruppe

In diesem Buch geht es um Grundlagen des Glaubens. Sie können sich als Hauskreis oder Kleingruppe treffen und jeweils ein Kapitel durchsprechen. Sie können das Buch natürlich auch zur Schulung für eine Jüngerschaftsgruppe einsetzen. Wie auch immer:

- Treffen Sie sich an einem gemütlichen Ort (Wohnzimmer statt Gemeindesaal).
- Bilden Sie eine verbindliche Gruppe, bis Sie das Buch durchgearbeitet haben.
- Was Sie in der Gruppe hören, bleibt auch dort. Tragen Sie persönliche Informationen nicht weiter.
- Lesen Sie als Vorbereitung das Kapitel für sich selbst durch. Überlegen Sie sich erst danach Fragen für die anderen.
- Wenn Sie sich als Gruppe treffen, haben Sie keine Angst vor stillen Momenten.
- Schwierige Fragen müssen Sie nicht selbst beantworten, geben Sie sie an die Gruppe zurück: „Und was meint Ihr dazu?"
- Sie sind Moderatorin oder Moderator, kein Alleswisser.
- Weisen Sie keine Antwort als falsch zurück. Fragen Sie weiter oder ergänzen Sie.
- Helfen Sie sich in der Gruppe beim Umsetzen in die Praxis.

Eine ausführlichere Anleitung mit Fragen zu den einzelnen Kapiteln können Sie beim Autor anfordern: H.Burgarth@Campus-D.de.

Buchtipps zum Vertiefen

(sortiert nach den zugehörenden Kapiteln)

2. **Bekehre nicht – lebe**, Bill Hybels/Mark Mittelberg (256 Seiten, Nr. 657.065, Gerth Medien) ist ein Plädoyer für authentisches Christsein in unserer Umgebung. Als Erweiterung ist das ganze Programm „So wird Ihr Christsein ansteckend" erhältlich.

3. **Die drei Farben deiner Gaben**, Christian A. Schwarz (160 Seiten, Nr. 652.356, C + P) ist der christliche Gabentest schlechthin. Er vermittelt einen guten Überblick, Freude am Christsein und Ausgewogenheit im Dienst.

4. **Operation Zukunft**, Stephan Holthaus (260 Seiten, Nr. 111.214, Brunnen) ist die eher pessimistische christliche Sicht der Postmoderne.

   Die acht Sphären der Zukunft, Matthias Horx (303 Seiten, ISBN 3-85436-333-8, Signum) und die anderen Bücher des Autors sind der nicht christlich geprägte optimistische Gegenpol dazu.

6. **Briefe eines Skeptikers**, Edward und Gregory Boyd (272 Seiten, 392.746, Hänssler) ist der gesammelte Briefwechsel mit einem schwierigen Vater, der sich Schritt für Schritt den Argumenten des Glaubens öffnet.

7. **Erste Schritte im neuen Leben – 12 Themen für Einsteiger im Glauben** (106 Seiten, Nr. 251.119, Campus für Christus) hilft frischgebackenen Nachfolgern, in Bewegung zu kommen und zu bleiben.

Material für evangelistische Gespräche

Gott persönlich kennen lernen (20 Seiten, Kleinformat, Nr. 251.049) ist der bewährte und günstige Klassiker unter den Verteilschriften von Campus für Christus.

Invest in the best (12 Seiten, vierfarbig, DIN-lang, Nr. 251.129) ist für Geschäftsleute und andere erfolgsorientierte Menschen gedacht und zeigt, wie man auch im geistlichen Bereich gewinnbringend investieren kann, indem man Gott persönlich kennen lernt.

Jesus – der Weg zu Gott (32 Seiten, vierfarbig, DIN-lang, Nr. 251.108) zeigt, was so einzigartig ist an diesem Mann und welche Bedeutung er für uns heute hat.

Wo bist du, Gott? (32 Seiten, vierfarbig, CD-Format, Nr. 251.117) erklärt kurz und prägnant das Evangelium. Darüber hinaus wird Christsein als Leben in der Kraft des Heiligen Geistes beschrieben.

Verteiltaschenbücher mit Mut machenden und herausfordernden Lebensberichten:

Lebens(t)räume – Frauen auf der Suche nach Sinnerfüllung (64 Seiten, zweifarbig, Nr. 251.105)

Männer fallen nicht vom Himmel (64 Seiten, zweifarbig, Nr. 251.106)

I want it all ... und zwar sofor" (64 Seiten, zweifarbig, Nr. 251.100) für Teenager

Vielfalt des Lebens (64 Seiten, zweifarbig, Nr. 251.099) für Senioren

Stichwortregister

Das Tolle beim Glauben ist, dass das Wichtigste ganz einfach zu verstehen ist. Man muss nur den roten Faden finden…

Prägnant, übersichtlich und praxisorientiert werden Basics des Glaubens so behandelt, dass sich auch Einsteiger in einer halben Stunde einen guten Überblick verschaffen können.

Sicher im Glauben sein

Bestell-Nr. 251.133

- Kann man wirklich sicher sein?
- Was ist meine Basis?
- Selbsttest – Wo stehe ich?
- Ursachen für meine Zweifel

Beten

Bestell-Nr. 251.135
Erscheint im Dezember 2004

- Was ist Beten überhaupt?
- Persönlich: so habe ich angefangen.
- Was für ein Typ Beter bin ich?
- Wie kann mein Gebetsleben aussehen?

Erfüllt vom Heiligen Geist

Bestell-Nr. 251.136
Erscheint im Dezember 2004

- Kraftlos oder voller Power?
- Gefühl oder Tatsache oder beides?
- Der Heilige Geist – nicht nur für Profis
- Einmal – ständig – immer wieder!

Adressen

Die Reihe *Der Rote Faden* und weitere Informationen über das Material und die Arbeit von Campus für Christus erhalten Sie im Buchhandel oder direkt bei

Campus für Christus Deutschland
Am Unteren Rain 2
D-35394 Gießen
Tel.: 0641-975180
E-Mail: Info@Campus-D.de

AGAPE Österreich
Weisslhofweg 6
A-5400 Hallein
Tel.: 06245-76012
E-Mail: Info@AgapeOesterreich.at

Campus für Christus Schweiz
Josefstr. 206
CH-8005 Zürich
Tel.: 01-2748484
E-Mail: Info@Cfc.ch